*Delaparde M. Chane*

# DESCRIPTION
# DU MAUSOLÉE,

*Érigé dans l'Abbaye Royale de Saint-Denys, pour les Obséques, qui se feront, dans cette Église, le 27 Juillet 1774,*

DE TRÈS-GRAND, TRÈS-HAUT, TRÈS-PUISSANT, ET TRÈS-EXCELLENT PRINCE,

LOUIS XV *le Bien-Aimé,*

ROI DE FRANCE ET DE NAVARRE.

# DESCRIPTION
## DU MAUSOLÉE

*Érigé dans l'Église de l'Abbaye Royale de Saint-Denys,
le 27 Juillet 1774,*

Pour les Obséques de Très - Grand , Très - Haut,
Très-Puissant, et Très-Excellent Prince,
LOUIS XV , *le Bien-Aimé,*

## ROI DE FRANCE ET DE NAVARRE.

Cette Pompe Funébre ordonnée par M. le Duc d'Aumont, Pair de France,
Premier Gentilhomme de la Chambre du Roi, Chevalier de ses Ordres, a été conduite
par M. Papillon de la Ferté, Intendant & Contrôleur Général de l'Ar-
genterie, Menus, Plaisirs & Affaires de la Chambre de SA MAJESTÉ, Trésorier
& Intendant des Menus, Plaisirs de MONSIEUR.

*Sur les Desseins du Sieur Michel-Ange Challe , Chevalier de l'Ordre du Roi , Professeur de
son Académie de Peinture , & Dessinateur Ordinaire de sa Chambre & de son Cabinet.*

La Sculpture est faite par le Sieur Bocciardi, Sculpteur des Menus , Plaisirs du ROI

### DE L'IMPRIMERIE

De P. R. C. Ballard, seul Imprimeur, pour la Musique de la Chambre, & Menus, Plaisirs
du ROI, & de Monseigneur le Comte d'Artois, rue des Mathurins.

### M. DCC. LXXIV.

*Par exprès Commandement de SA MAJESTÉ.*

# DESCRIPTION
# DU MAUSOLÉE,

*Érigé dans l'Abbaye Royale de Saint-Denys, le 27 Juillet 1774,*

Pour les Obséques de Très - Grand, Très - Haut, Très-Puissant, et Très-Excellent Prince, LOUIS XV, *le Bien - Aimé*,

*ROI DE FRANCE ET DE NAVARRE.*

L'Extérieur de ce temple augufte, confacré, depuis plufieurs fiècles aux tombeaux de nos Rois, eft tendu de deüil. Des voiles lugubres, qui s'élevent jufqu'aux tours, font traverfés, au milieu & aux extrémités, par trois litres de velours noir, couverts des armes & des chiffres de SA MAJESTÉ.

Au-dessus de l'entrée principale de ce monument, s'élève, sous une voussure de marbre gris veiné de noir, le double écusson des armes de France & de Navarre, couvert d'une couronne Royale. Plusieurs Anges, dans des attitudes variées, qui caractérisent la douleur, les arrosent de leurs larmes, en les ornant de guirlandes de cyprès. Des termes de bronze soutiennent, aux deux côtés, le couronnement de cette voussure, dont les compartimens sont ornés de Roses antiques. Le dessus est terminé par une Urne cinéraire de lapis lazuli, que des Génies célestes de marbre blanc, entourent de festons & de branches funèbres.

Les portes latérales sont couronnées au-dessus du litre inférieur, par de riches encadremens de marbre gris, terminés par des timpans, sur lesquels sont des Lampes funéraires. Ces ornemens renferment des cartouches dorés, au milieu desquels, sur des fonds d'azur, les lettres initiales du nom de SA MAJESTÉ, sont relevées en or. Les cartouches qui encadrent ces chiffres, sont suspendus par des Génies célestes, qui les couvrent de rameaux, & de festons de cyprès.

Lᴇ sombre appareil de ce portique conduit dans le camp de douleurs. Le deüil qui l'environne s'étend jusqu'à la voûte , & renferme , entre des litres ornés & placés comme les précédens , de grands & magnifiques cartouches, soutenus par des Anges. Ces Esprits célestes , figurés par de jeunes hommes, de grandeur & de couleur naturelles ; expriment la plus grande tristesse. Ces dignes supports des Armes révérées de nos Rois , sont occupés à les suspendre & à les orner de lugubres cyprès. Les Chiffres de SA MAJESTÉ, qui les accompagnent , renfermés pareillement dans de riches ornemens, sont comme les précédens , relevés en or , sur des fonds d'azur, & de même soutenus par des Génies célestes , qui les entourent de rameaux funèbres.

Lᴇ camp de douleurs est terminé par une grande Pyramide de Porphyre rouge, placée à son extrémité. Elle présente, dans son soubassement de granite gris , l'entrée du sanctuaire & du chœur. La forme de cette entrée, élargie par le bas , porte le caractère consacré à ces triftes monumens ; elle eft couverte d'un fronton , fous lequel font tracées ces paroles de l'Écriture Sainte , écrites en lettres d'or , fur un fond de pierre de Parangon.

*DIES TRIBULATIONIS ET ANGUSTIÆ,*
*DIES CALAMITATIS ET MISERIÆ.*

*DIES TENEBRARUM ET CALIGINIS,*
*DIES NEBULÆ ET TURBINIS.*

Soph. c. 1. v. 15.

Des dégrès élevent un focle au-deffus de ce fronton ; fur lequel l'effrayante image de la Mort , couverte d'un linceul , faite en marbre blanc, annonce fon empire, dans ce jour de trifteffe. Elle préfente d'une main une horloge , Symbole de la rapidité du tems qui fuit fans retour. Les attributs, qui la caractérifent, font fous fes piés, ainfi que ceux qui diftinguent les grandeurs des maîtres de la terre.

Deux Bas-reliefs de bronze antique , préfentent aux deux côtés, dans des enfoncements, pris dans le foubaffe-ment, des Oeuvres de Mifericorde. Dans l'un le pieux Tobie , pendant la captivité des Juifs en Babylone , donne

la

la fépulture à ceux de fa nation que Sennacherib avoit fait périr. L'autre repréfente les Enfans de Jacob enfeveliffant leur pere, dans l'antre qu'Abraham avoit acheté près de Mambré, dans le pays de Chanaan.

Deux vouffures deffous ces bas-reliefs, renferment, dans leurs profondeurs, des urnes de marbre verd-verd, de forme antique, ornées de bas-relief de canelures torfes & de rinceaux. Les angles de ce foubaffement, font terminés par des colonnes ifolées de ferpentin, avec des bazes & des chapiteaux de marbre blanc, elles portent des lampes de bronze doré, dont la lumière fombre, éclaire & fait diftinguer ce trifte appareil. Le haut de cette Pyramide eft terminé par une urne cinéraire d'albâtre oriental, entourée de feftons de cyprès en or.

Des faifceaux lumineux, font diftribués autour du camp de douleurs, & placés au bas des ornemens, qui renferment les armes & les chiffres de Sa Majesté, LOUIS *le Bien-Aimé*.

L'Entrée de la pyramide conduit dans le fanctuaire, où font dépofés les précieux reftes des cendres de nos

B

Rois. Leurs tombeaux font couverts de voiles funèbres qui s'étendent dans toute fon enceinte, & qui couvrent entièrement la voûte & le pavé. Les ombres de la mort qui rempliffent ce lieu confacré, femblent s'unir au lugubre appareil, qui eft préparé pour la cérémonie des obsèques du plus chéri des Rois.

Les ftales, fans aucuns ornemens, fervent de foubaffement à un ordre de pilaftres Ioniques, qui entourent le chœur, le jubé & le fanctuaire. Ces pilaftres, qui font de marbre bleu turquin, portent fur un arrière-corps de marbre gris veiné de noir, & féparent les arcades des galleries, qui des deux côtés, s'étendent du Sanctuaire au Jubé. L'entablement de cet ordre, pareillement de gris veiné de noir, porte un attique de même bleu turquin, dont les fonds noirs entourés d'hermine, fervent d'encadrement aux armes & aux chiffres de Sa Majesté, LOUIS *le Bien - Aimé.*

Au-dessus du vuide des arcades, des cadres de marbre gris, portés fur des acrotaires de bleu turquin, renferment dans des cartels en or les écuffons des armes de France & de Navarre, fous une couronne Royale;

fes ornemens font couverts de rameaux de cyprès dif-
pofés en fautoir. Des nuages élèvent les Génies céleftes,
qui fervent de fupports aux armes de nos Rois, ils
paroiffent partager l'affliction de ce jour de douleurs,
& s'occuper à couvrir ces armes des feftons de la
mort.

Les chiffres de SA MAJESTÉ, relevés en or, fur
des fonds d'azur, font également foutenus par des Anges,
qui entourent & couvrent de rameaux funèbres, les
triftes ornemens qui les environnent, lefquels font placés
fur des encadremens de marbre gris, portés fur un
focle de bleu turquin.

Ces armes & ces chiffres font alternativement diftribués fur la cimaife de la grande corniche, & fervent
de couronnement aux arcades des galleries qui environnent le chœur. Chacune des arcades eft couronnée fur
fa clef, d'un grand cartouche en or, au milieu duquel eft une tête de mort aîlée, couverte d'un voile
lacrymatoire, en argent.

De grands rideaux noirs, coupés par des bandes d'hermine, fortent des aîlettes de leurs archivoltes. Ces

voiles lugubres font retrouffés par des nœuds & des cordons à glands d'or, fous les impoftes, & découvrent la profondeur des galleries qui environnent le Chœur dans lefquelles font des gradins, qui forment un amphi-théâtre tendu de noir, qui fe rejoint à celui du Jubé.

LE bas de ces arcades eft fermé par une baluftrade de marbre gris veiné, dont les ornemens & les baluftres font en bronze doré.

CHACUN des pilaftres porte des gaines d'améthyfte, cannelées & ornées de guirlandes de laurier en or; elles fervent de bazes à des lances chargées de trophées & de dépouilles militaires, qui caractérifent les travaux héroïques de l'Augufte Monarque dont nous déplorons la perte, tels que ceux de Parme, Guaftalle, Fontenoy, Rocoux, Lawfeld, & de Mahon.

DEUX corps de baluftrades de bronze doré, dont les pilaftres & les plattes-bandes font de marbre noir, ren-ferment cinq dégrés, qui féparent le Chœur du Sanc-tuaire, & conduifent à l'autel, pareillement élevé fur quatre dégrés. Les ornemens de cet autel, dignes de la magnificence & de la piété de nos anciens Rois, portent un caractère qui fait connoître les progrès des arts fous leurs règnes. Une riche bordure de bronze doré, renferme un bas-relief de vermeil, qui en forme le parement. Il repréfente l'Adoration des Bergers dans la Crêche à la Naiffance du Sauveur.

L E s gradins de ce riche autel, faits en bronze, font ornés d'entre-lacs, de rofettes & fleurs de lys dorées, & fervent de baze à un riche rétable, qui renferme trois bas-reliefs, dans des cadres de vermeil. Celui du milieu, qui eft d'or, eft entouré de pierres précieufes, & préfente le Chrift, tel qu'il eft peint dans l'Apocalypfe, accompagné des Patriarches & des Saints de la primitive Églife. Ceux des côtés, d'argent doré, d'un ouvrage du meilleur goût & plus moderne, ont pour objet l'adoration des Rois dans la Crêche, & la préfentation de JESUS - CHRIST au Temple.

UN focle de bronze doré, orné de compartimens à feuillages, porte entre trois rangs de lumières, chargées d'écuffons des armes de France, une croix de vermeil

enrichie de pierres précieuses, montée sur un amor-
tissement qui termine ces riches ornémens.

L a corniche de l'arrière-corps du rétable, soutenue
par des colonnes de bronze, porte des vases en argent
chargé de girandoles garnies d'une très-grande quantité
de feux, qui s'unissent au premier cordon de lumière,
qui entoure l'enceinte du chœur.

C e riche & magnifique autel, est couvert d'un dais
élevé au-dessus de l'entablement du grand ordre, dont
la corniche en argent, richement décorée en sculpture,
porte sur les angles de très-grandes aigrettes de plumes
blanches & noires, qui en couronnent l'extrémité. Les
pentes de ce dais sont de velours noir, garnies de
franges & de galons d'argent, & présentent les armes
de SA MAJESTÉ, faites en broderie d'or en relief. Ces
mêmes armes brodées, sont placées dans les angles du
plafond de ce dais, qui est traversé par une croix de
moire d'argent. De grands rideaux de velours noir, dou-
blés d'hermine, couverts de fleurs de lys & de larmes
brodées en argent, sortent des pentes de ce dais & en

accompagnent la queue, qui defcend jufqu'à l'autel.
Elle eft pareillement coupée par une croix d'étoffe
d'argent, & porte auffi dans fes angles les armes de
SA MAJESTÉ, brodées en or & en relief.

Les vertus paifibles & héroïques, qui ont toujours
été chéries du Monarque, font figurées par la Prudence,
la Juftice, la Force & la Tempérance. Ces glorieux
fymboles, qui caractérifent les Héros du Chriftianifme,
font repréfentés par des femmes diftinguées chacune par
leurs attributs.

La Prudence, l'œil fixé fur un miroir, paroît mé-
diter fur les profondeurs de l'avenir. Sa main gauche
tient un fceptre, autour duquel eft entortillé un ferpent.
Son fein couvert d'une cotte d'armes, & fon cafque
qui lui couvre le front, caractérifent la prévoyance &
la fageffe qui l'éclaire.

La Juftice porte fur fa tête une couronne Royale.
Ses mains tiennent une balance & une épée, attributs
qui annoncent le devoir & l'autorité des fouverains.

La Force eft figurée par une femme armée, tenant,
d'une main, une lance & domptant un lion.

L a Tempérance, symbole des vertus paisibles, est caractérisée par une femme appuyée sur un éléphant, qui tient un mords & une horloge.

C e s figures, enfermées dans de riches cartels dorés, sont en relief & relevées en or, sur un fond d'azur. De semblables encadremens, présentent au-dessus du Jubé, la Paix & la Clémence. La premiere est exprimée par une femme majestueuse, assise sur un faisceau d'armes, la tête couronnée d'olivier, tenant d'une main un caducée, & de l'autre une corne d'abondance, montre l'heureux symbole des biens qu'elle procure. La seconde, qui caractérise l'heureux mêlange de plusieurs vertus, est figurée par une femme vêtue de gaze d'or, couronnée de guirlandes de rue ; elle tient dans ses bras un Pélican, & est assise au pié d'un arbre verdoyant, planté sur le bord d'une riviere.

Au-dessous, sur les arrieres-corps, entre les pilastres, sont des cartels en relief, portant des écussons en or, couverts des armes de France. Leurs ornemens sont terminés par un cercle de lumieres, semblable à ceux qui sont placés sur les cartouches au milieu des arcades. Les

LES gaines, qui couvrent chacun des pilaftres de l'Ordre Ionique qui entoure le Chœur , portent chacune au bas des trophées , trois girandoles couvertes de faifceaux de lumières.

LES pilaftres de la baluftrade du jubé , au-deffus de la porte de l'entrée du chœur , élèvent chacun des gerbes de feux, pareilles à celles qui font placées fur les baluftrades des dégrès, qui féparent le chœur du fanctuaire.

Le plafond des ftales , porte le premier litre , dont le fond de velours noir , eft parfemé de fleurs de lys en or, & de larmes en argent. Des écuffons fufpendus à une guirlande d'hermine , préfentent les Armes & les Chiffres de SA MAJESTÉ LOUIS, *le Bien-Aimé*. Le deffus de ce litre forme la baze d'un cordon de lumières , foutenu fur des fleurs de lys, en relief & en or.

La frife de l'entablement Ionique, porte le fecond litre , parfemé comme le précédent de larmes d'argent, & de fleurs de lys en or, & préfente les mêmes écuffons couverts des armes de SA MAJESTÉ. Sur la cimaife de la corniche, des branches faillantes & des girandoles placées fur

C

l'à-plomb des pilaftres , forment le fecond cordon de lumières Le troifième eft élevé fur la corniche de l'Atti- que , au-deffous du dernier litre , orné comme les pré- cédens d'écuffons fufpendus à des feftons d'hermines. Ce litre renferme & termine , à fon extrémité , la dé- coration de cette Pompe Funèbre.

Au milieu de ce trifte appareil s'élève un monument confacré à l'éternelle mémoire de Très-Grand , Très- Haut , Très-Puissant , et Très-Excellent Prince , LOUIS , *le Bien-Aimé*, Roi de France et de Navarre.

Cet Édifice, dont le plan forme un parallélograme, pré- fente un temple ifolé , dont le folide de verd antique , eft élevé fur fix dégrés de Serpentin de Canope.

Quatre groupes de Cariatides, faites en marbre de Paros , dont les fronts font couverts de linceuls & de voiles funèbres , expriment la plus grande douleur , elles paroiffent recueillir leurs larmes dans des urnes la- crymatoires. L'extrémité inférieure de ces figures , eft terminée en gaine. Elles portent chacune fur leur tête un Chapiteau d'ordre Ionique dont elles repréfentent les colonnes. Ces chapiteaux font couverts d'entre-lacs qui forment des corbeilles , fur lefquelles pofe un entablement orné de quatre frontons. Les deux qui couronnent les parties latérales, portent chacun fur leur fond , un carreau couvert de fleurs de lys , fur lequel font pofés la couronne royale , le fceptre , & la main de juftice accompagnés de branches de cyprès.

Au-dessous de ces ornemens , fous le larmier qui forme la corniche , deux tables de jafpe renferment ces paroles des Saintes Écritures. La premiere, du côté de l'Évangile eft exprimée, par ces mots :

*DEFECERUNT SICUT FUMUS DIES MEI :*

Pfal. 101. v. 4.

Celle du côté oppofé préfente ces paroles :

*PERCUSSUS SUM UT FŒNUM,
ET ARUIT COR MEUM :*

Pfal. 101. v. 5.

Les deux autres placées en face de l'autel & de la principale entrée , préfentent les armes de France fous une couronne royale , en relief & en or.       C ij

Sur ces frontons s'élève un amortiffement, orné de rinceaux & de feftons de lauriers en or. Cet amortiffement, qui couronne ce Monument, fert de baze à un grouppe de femmes éplorées, repréfentant la France & la Navarre. La première appuyée fur un globe d'azur, où les lys qui caractérifent fes armes font relevées en or, étend fes bras & élève fes yeux vers le Ciel ; elle implore la clémence divine, & porte les vœux & les prières de la nation, pour le Prince qu'elle a toujours chéri, & dont elle pleure la perte.

La Navarre, qui l'accompagne, le front couronné de cyprès laiffe couler fes pleurs, fa tête baiffée fur fes genoux, femble fuccomber à fa douleur, elle eft diftinguée par l'écuffon de fes armes, par fa couronne & les ornemens de la royauté. Ce grouppe de marbre de Paros, eft furmonté d'un cyprès, où font fufpendues les triftes dépouilles du Héros qui eft l'objet de leurs larmes.

Aux angles de cet édifice, quatre ceppi funéraires, faits de tronçons de colonnes de jafpe fanguin, fervent

de baze à des faiſceaux de lances liées avéc des échar-
pes , auxquels ſont ſuſpendus des trophées militaires.
Leurs extrémités élèvent ſur le fer d'une lance une tri-
ple couronne de lumières. Les tronçons des colonnes
ſur leſquels ces faiſceaux ſont placés , portent chacun
un dé , d'où ſortent des lampes de bronze chargées de
pyramides de lumières.

L E plafond de ce mauſolée forme une vouſſure ovale,
dans les compartimens de laquelle ſont des roſes en or,
& des guirlandes de cyprès.

D E S lampes ſépulchrales éclairent & terminent l'extrémité des frontons aux quatre côtés de cet édifice.

L E S ſix dégrés qui élèvent le ſoubaſſement , forment
ſix cordons lumineux , qui ceignent & entourent le
bas du catafalque. Chacune de ces lumières eſt chargée
d'un double écuſſon aux armes de SA MAJESTÉ.

U N E urne d'or , eſt placée au centre de ce monument,
elle porte ſur deux de ſes faces des médaillons qui pré-
ſente les traits toujours chéris de L O U I S *le Bien-*
*Aimé.*

Ce farcophage eft couvert d'un e ëtique, fur lequel le poile royal eft développé, un carreau de velours noir, orné de franges & glands en argent, porte la couronne de nos Rois fous un crêpe de deuil qui defcend jufqu'au bas du farcophage. Les fceptres & les honneurs pofés près de la couronne, terminent cette repréfentation.

Une crédence eft placée devant le maufolée, fur laquelle eft dépofé le manteau royal & les armes de SA MAJESTÉ.

La bannière de France en velours violet, femée de fleurs de lys d'or, & ornée d'un molet à franges d'or, eft élévée dans le fanctuaire, avec le pennon du Roi, d'étoffe bleue, pareillement femé de fleurs de lys d'or fans nombre, & bordé d'un molet & franges d'or. Ces bannières font portées fur des lances garnies de velours, entourées de crêpes.

Le catafalque eft couvert d'un grand & magnifique pavillon, fufpendu à la voûte du temple, dont le couronnement forme une coupole ovale, élévée fur un amortiſſement couvert de velours noir , parſemé de fleurs de lys brodées en or , coupé ſur les avant-corps par des bandes d'hermine. Ces pentes ſont attachées ſous une grande corniche , dont les moulures ſont encore ornées ſur chacun de ſes angles de huit grandes aigrettes de plumes noires & blanches , attachées ſur des têtes de morts aîlées , qui forment autant d'agraffes aux angles ſaillans de ce pavillon. Son plafond eſt traverſé d'une croix de moire d'argent , & porte quatre écuſſons en broderie aux armes de France. Deſſous ces pentes formées par des feſtons d'hermine , ſortent quatre grands rideaux de velours noir, couverts de fleurs de lys en or, & de larmes en argent, partagés par des bandes d'hermine. Ces rideaux ſont ſoutenus à de gros nœuds, ſuſpendus à la voûte, par des cordons ornés de glands d'or.

La Chaire du Prédicateur eſt placée près des ſtales du côté de l'Évangile ; elle eſt revêtue, ainſi que l'abat-voix qui lui ſert de couronnement, de velours noir, orné de franges & de galons d'argent.

*LA première Planche qui suit cette Description, présente l'élévation géométrale de l'un des bouts du Mausolée.*

*LA seconde, l'une des parties latérales.*

*LA troisième, la coupe prise sur la longueur du Monument.*

*ET la quatrième, présente le Plan du Mausolée, avec celui du Plafond.*

## FIN.

*Élévation Géométrale.*

M. A. Challe inv.

L. L. Empereur fec.

Elévation Géométrale et Latérale

Coupe Latérale.

Plan de la Corniche.

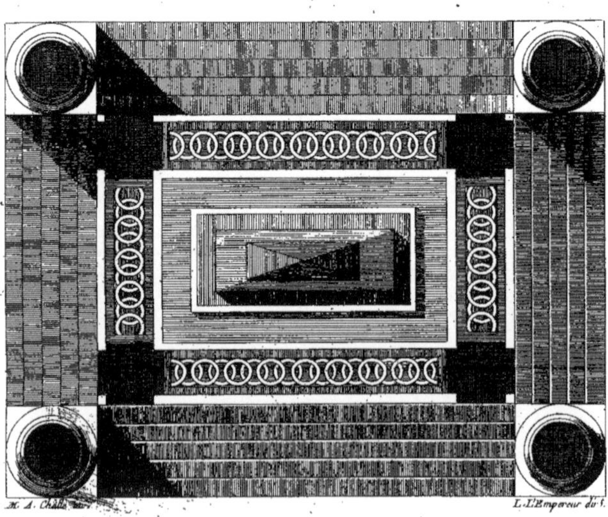


Plan du Soubassement.